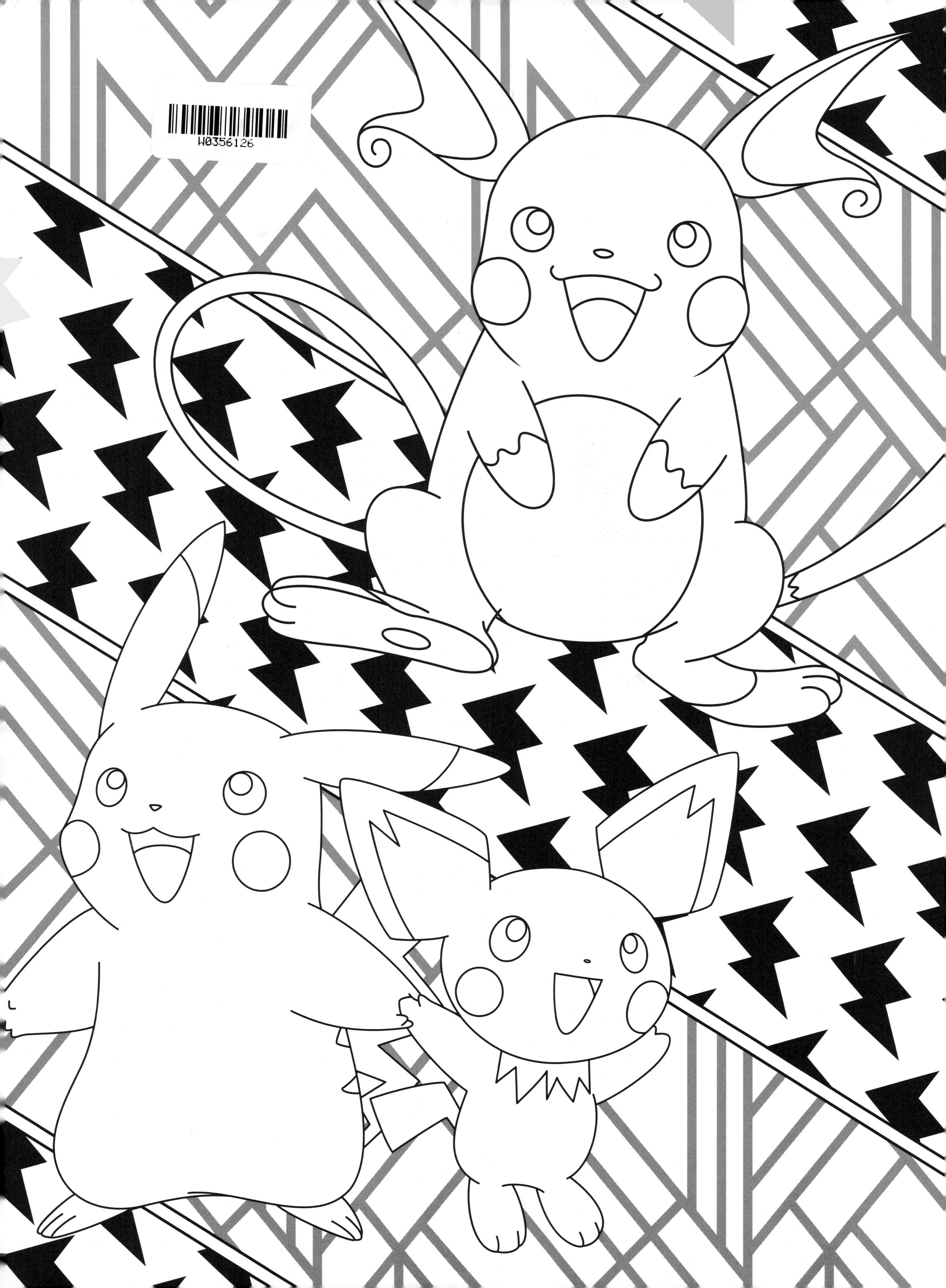

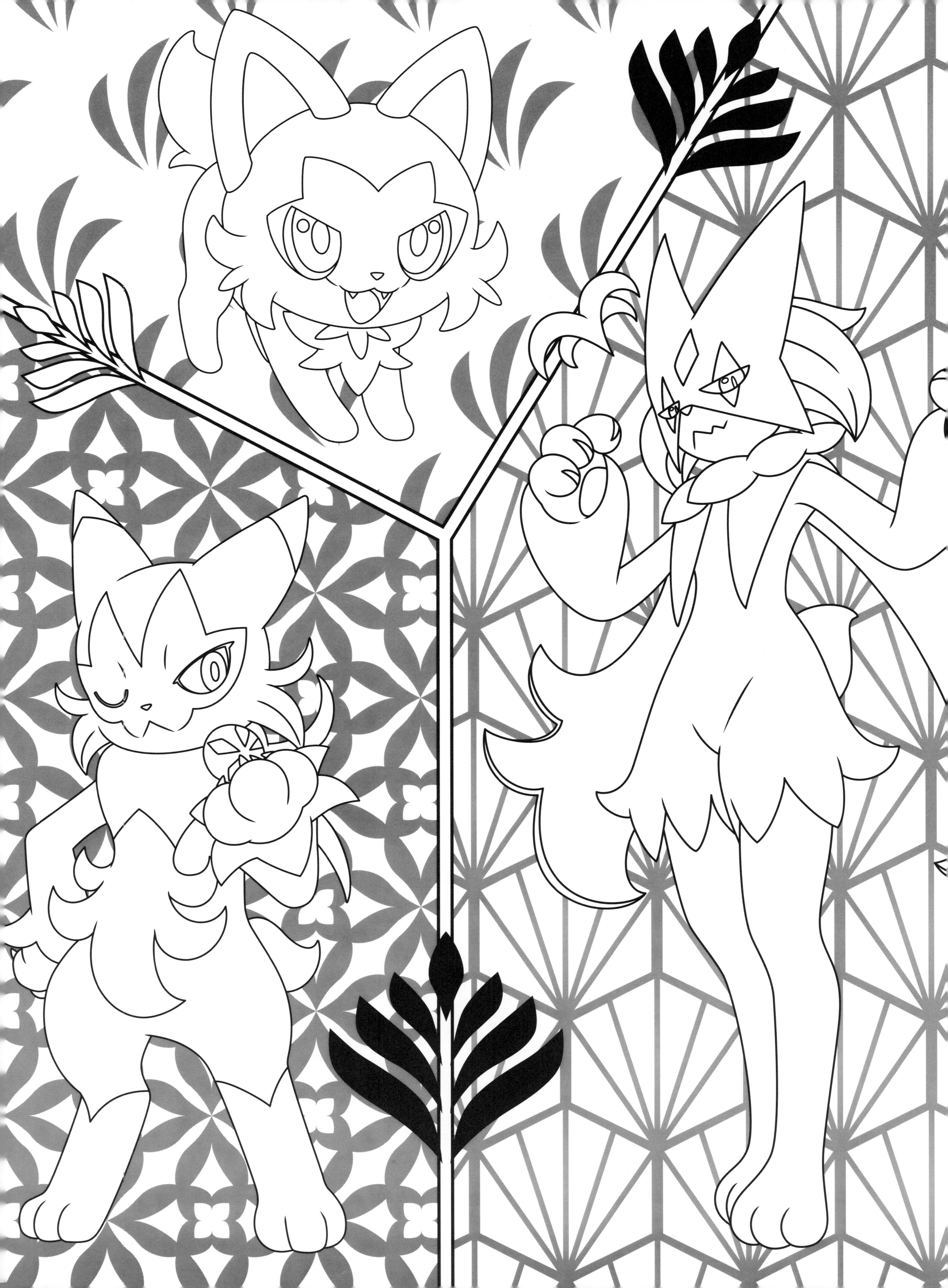

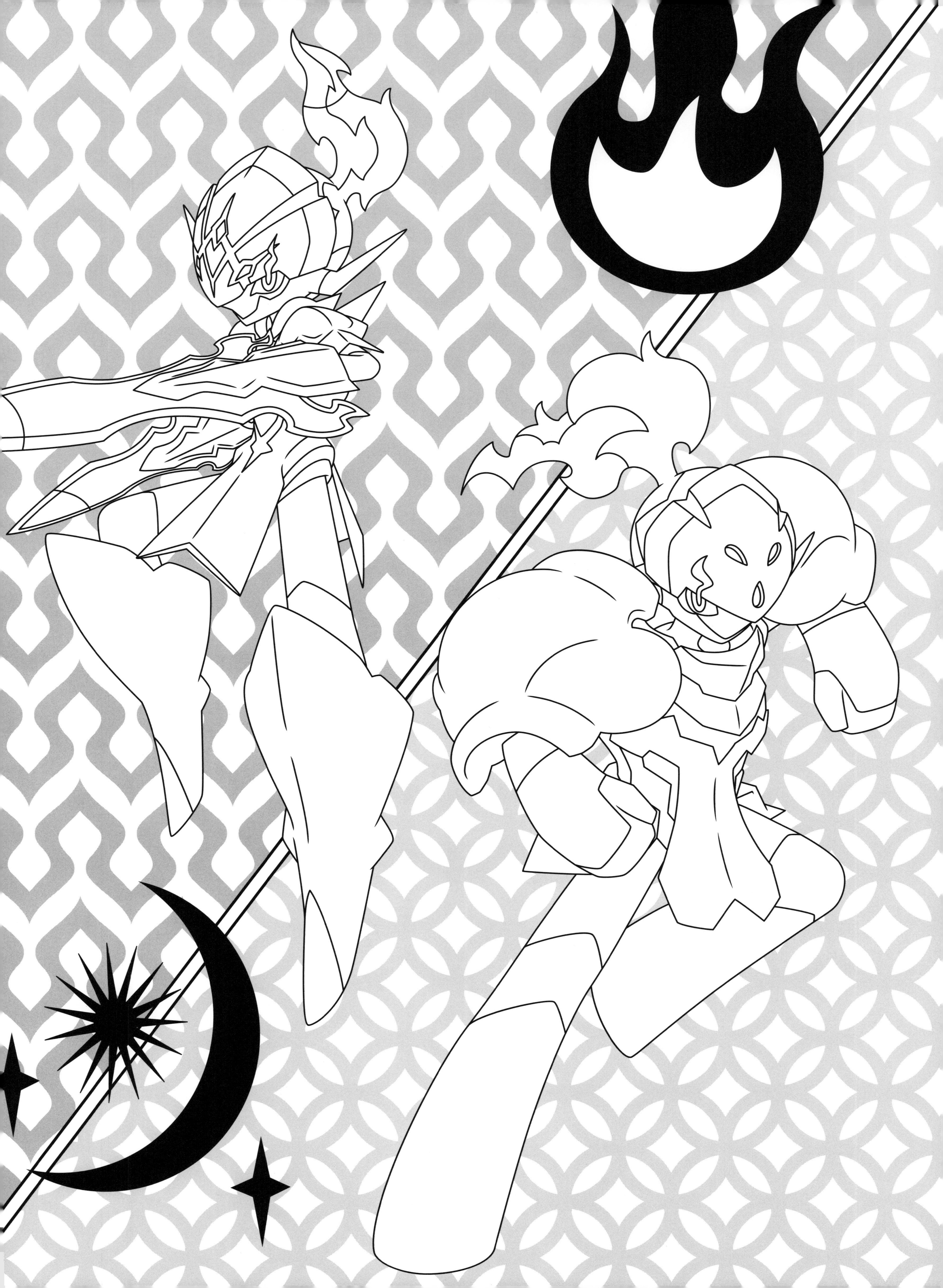

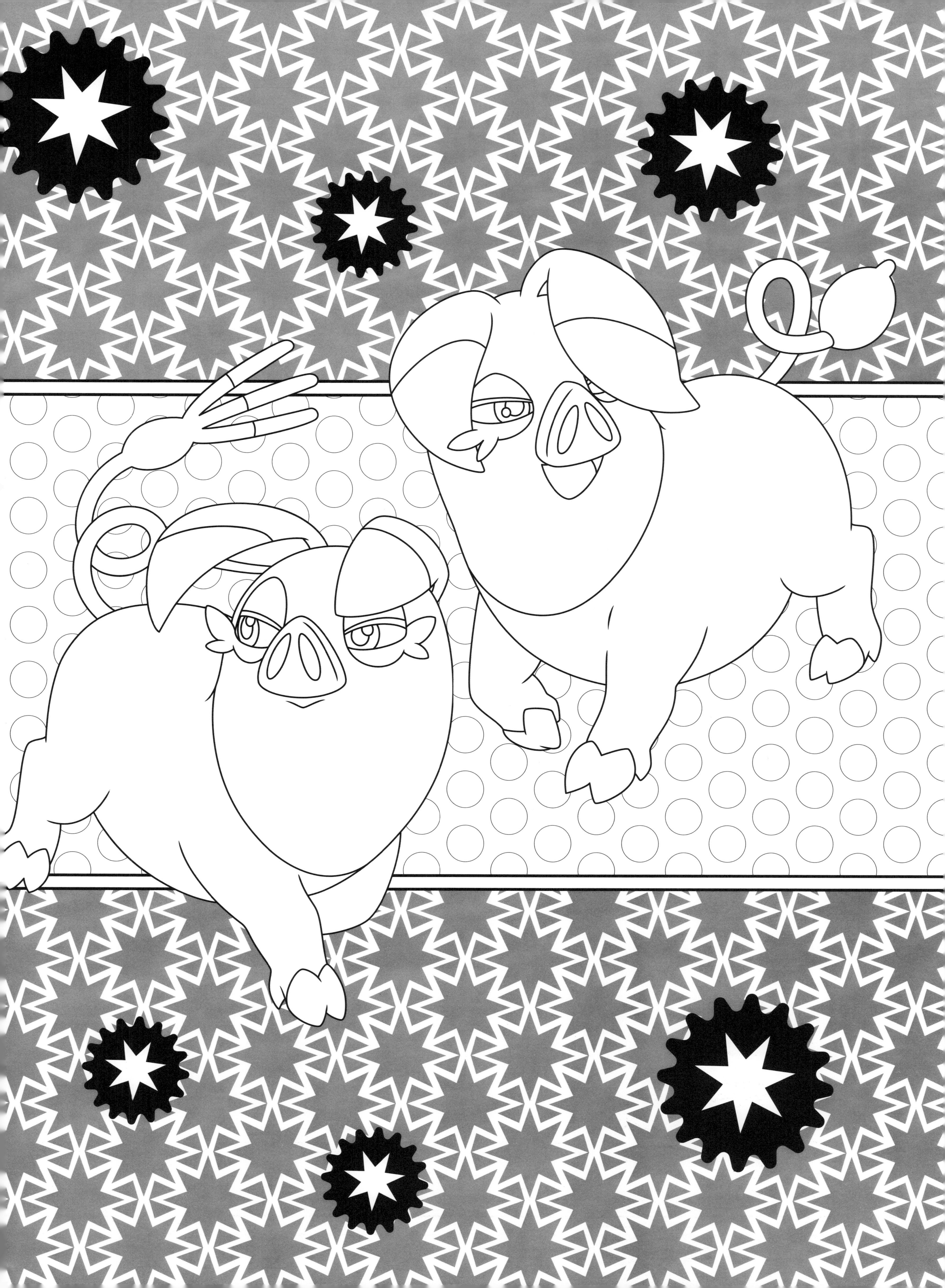

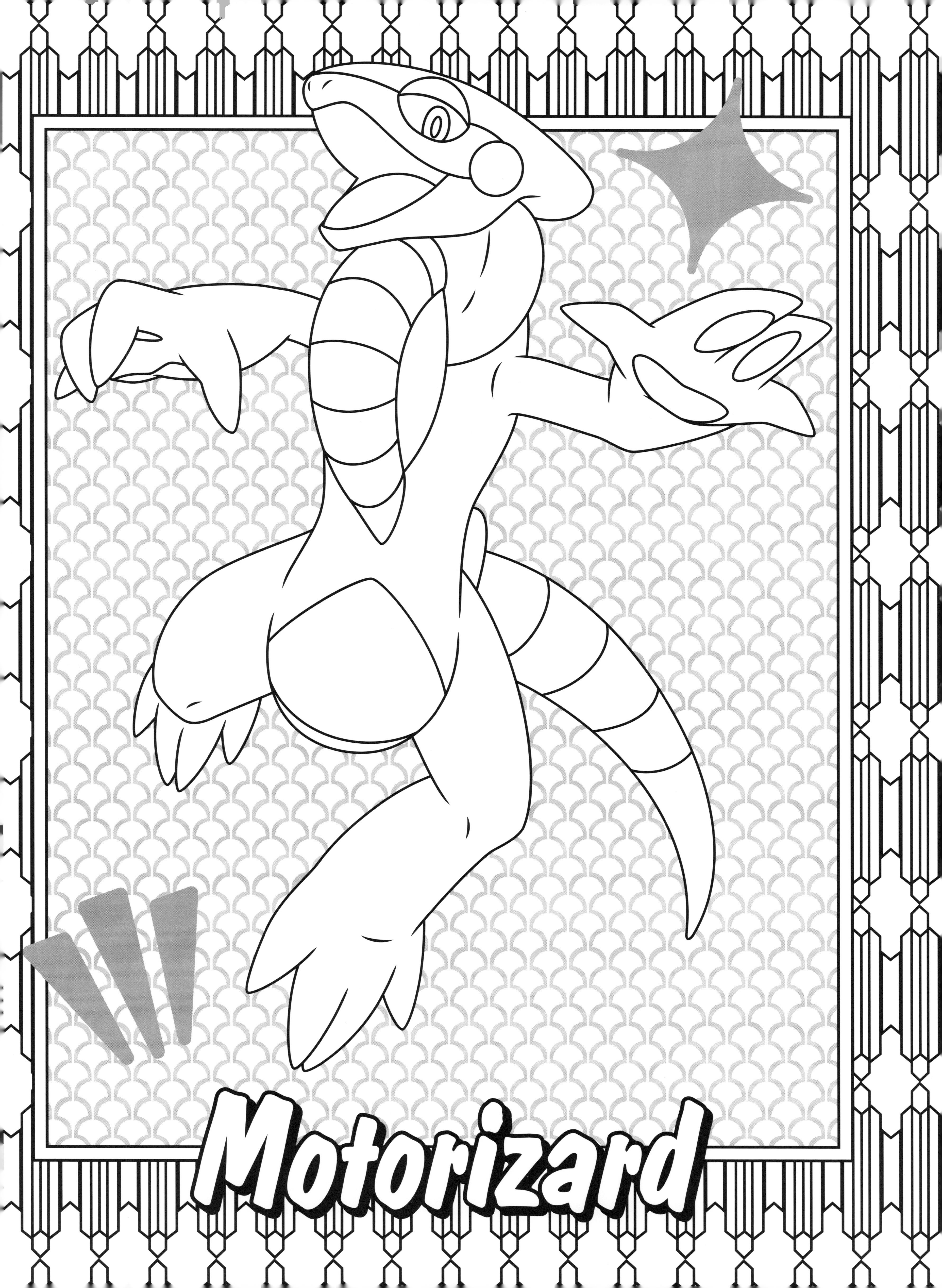
Motorizard

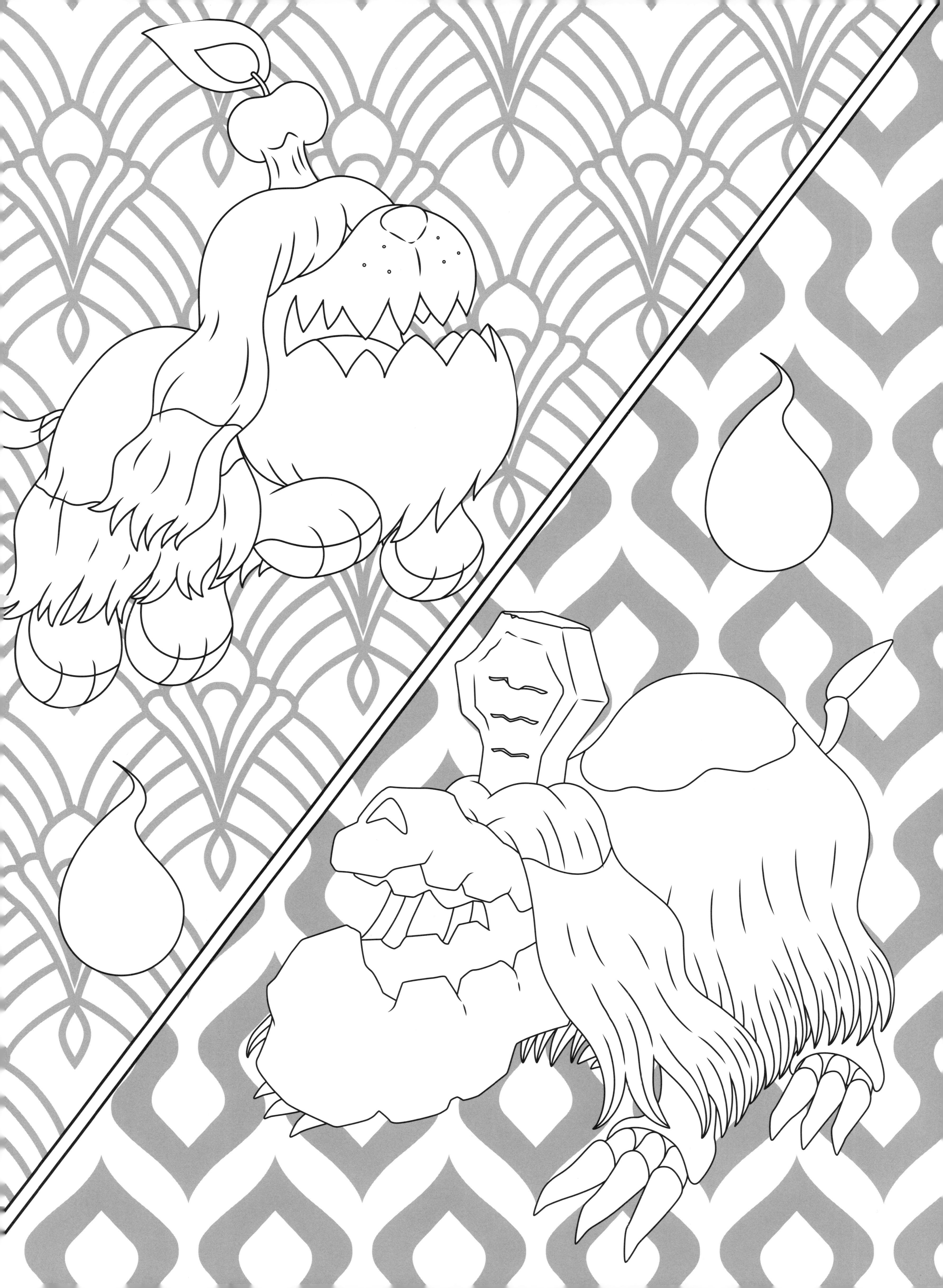

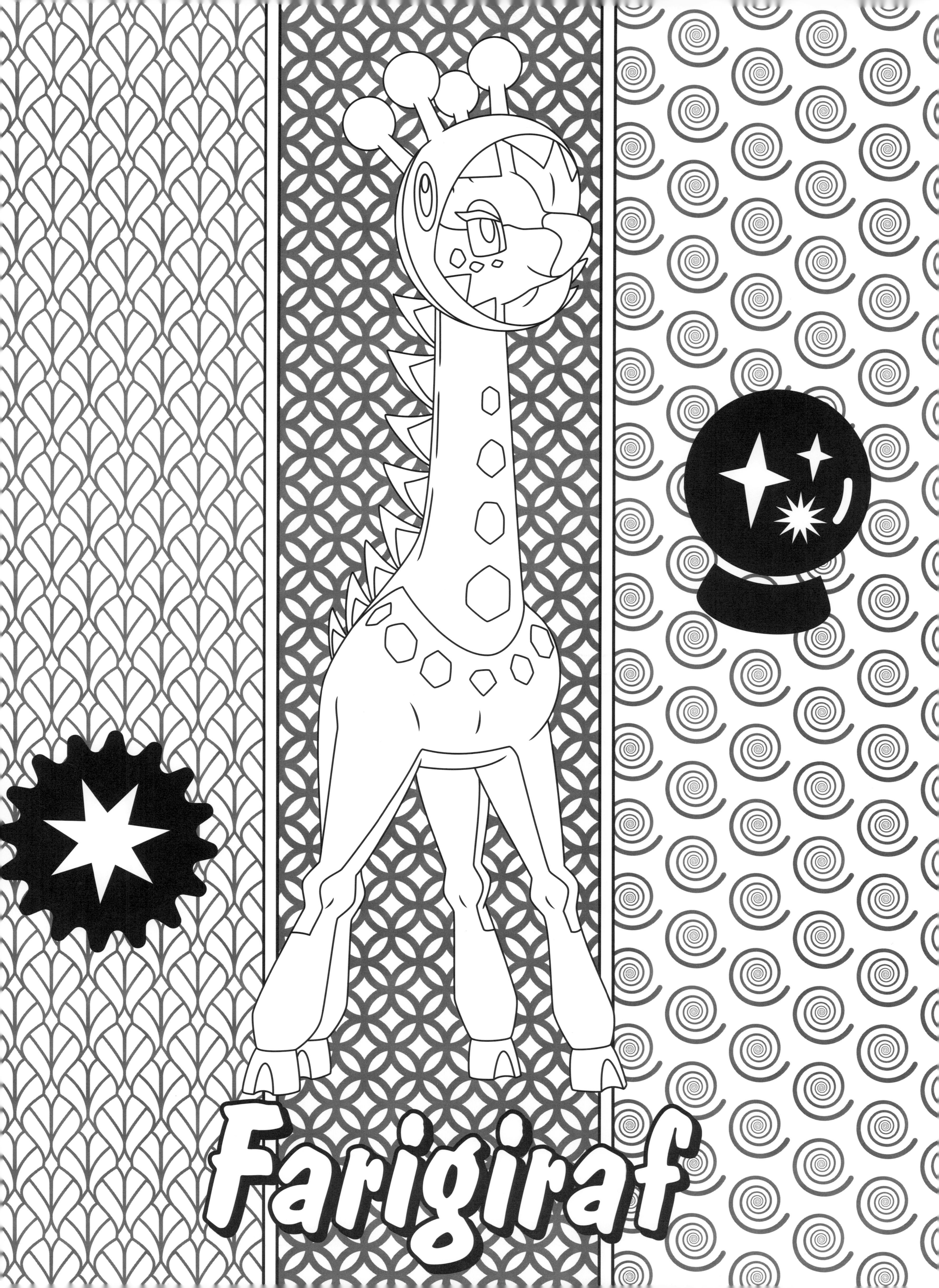
Farigiraf

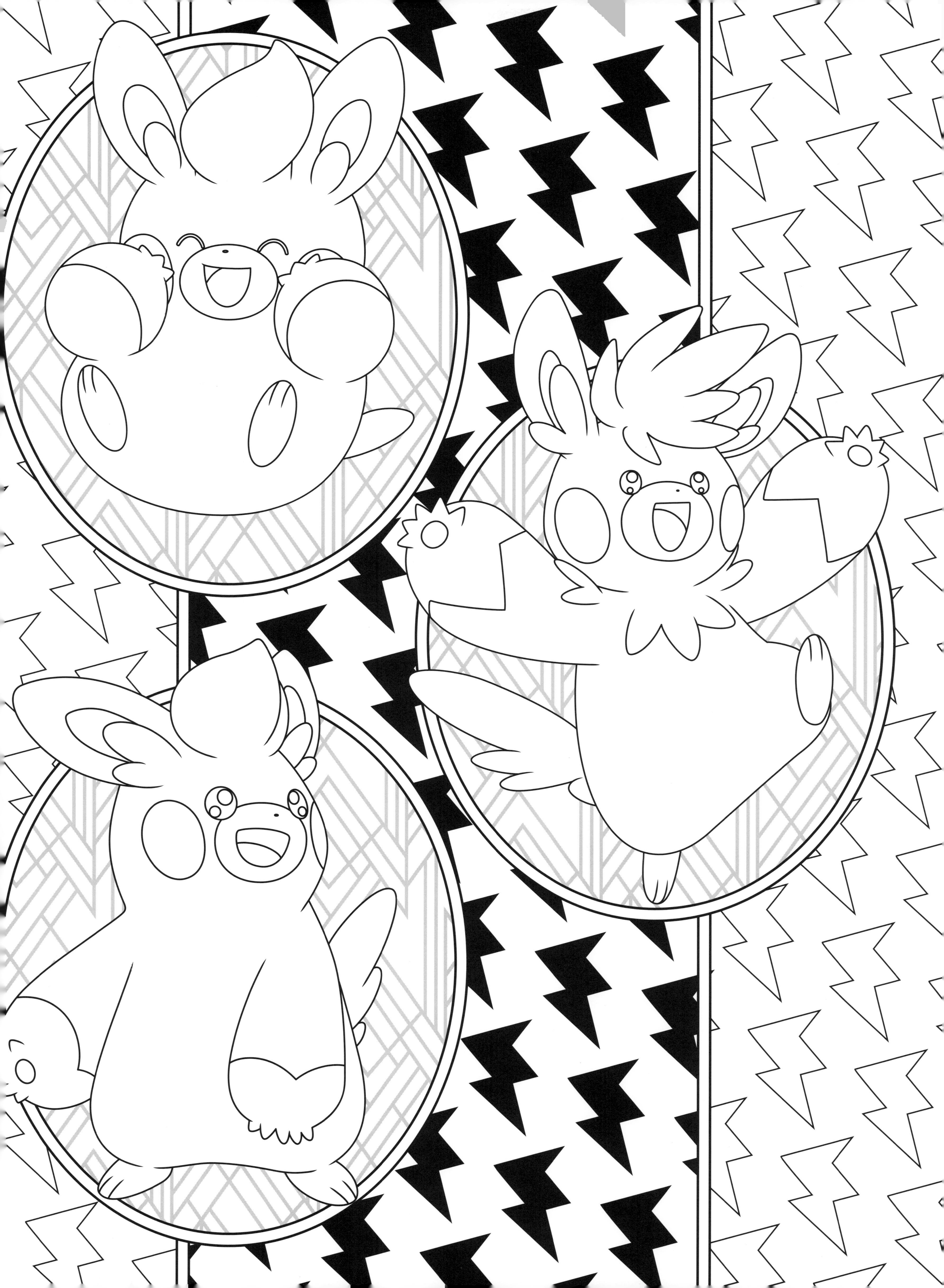

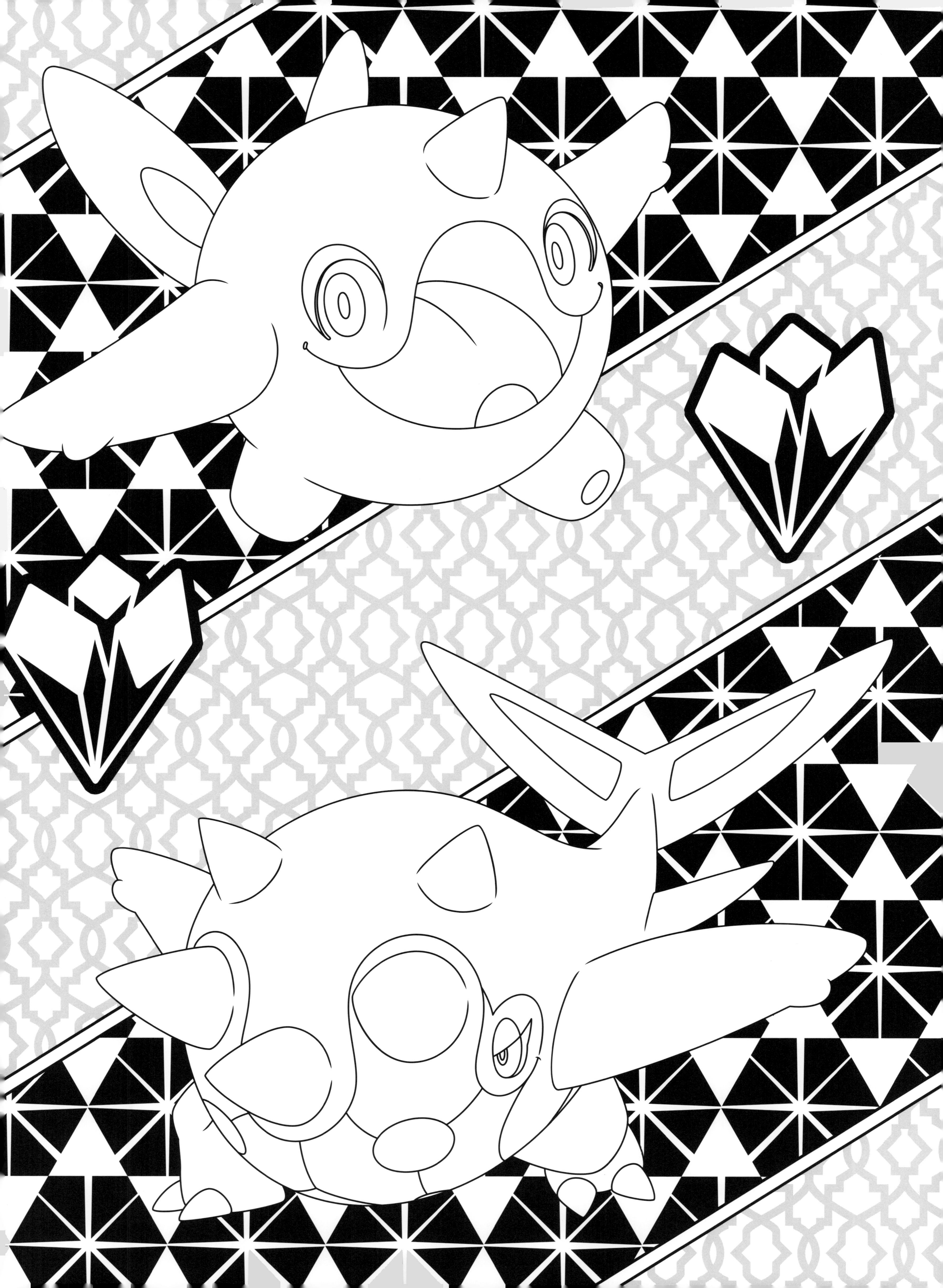

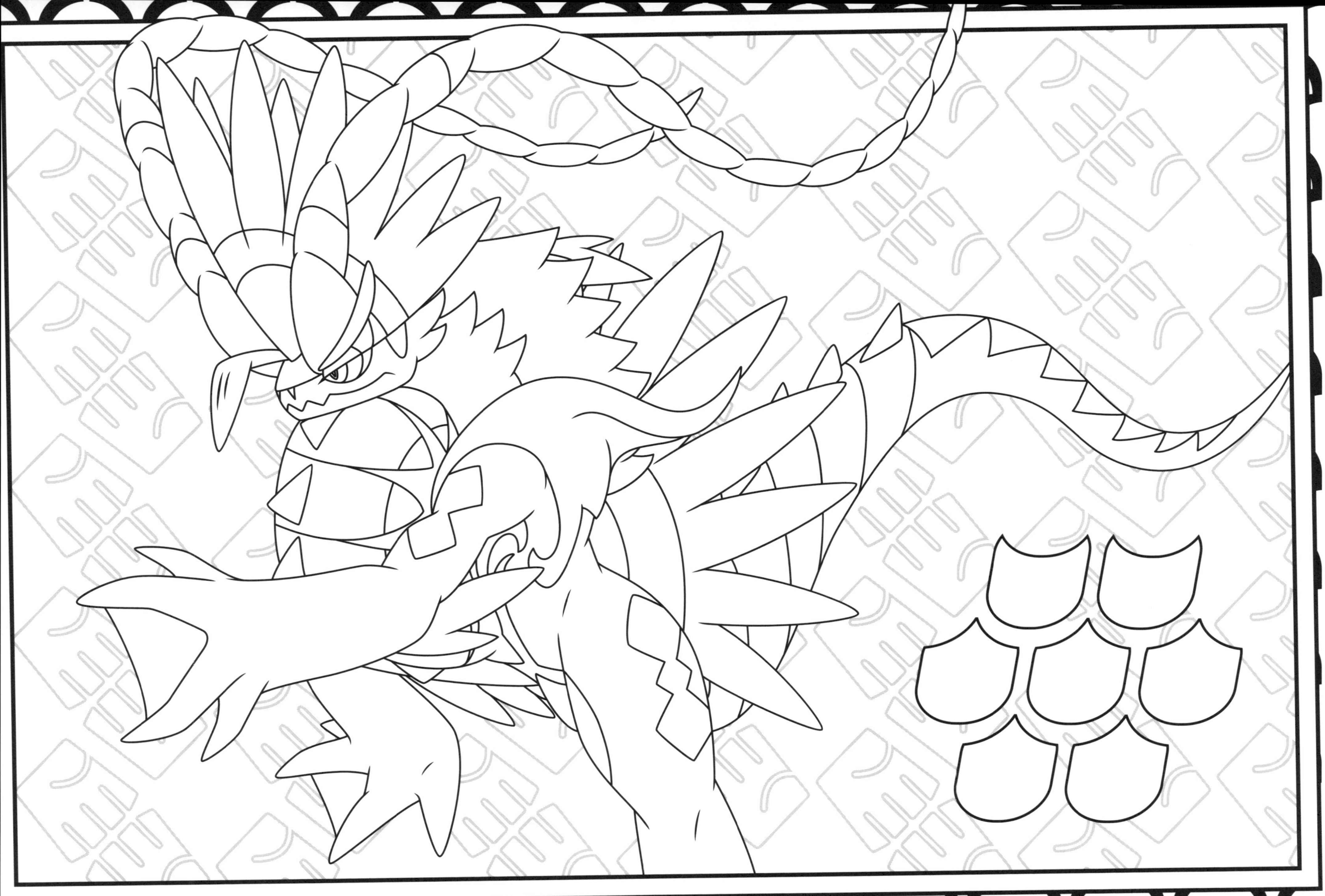

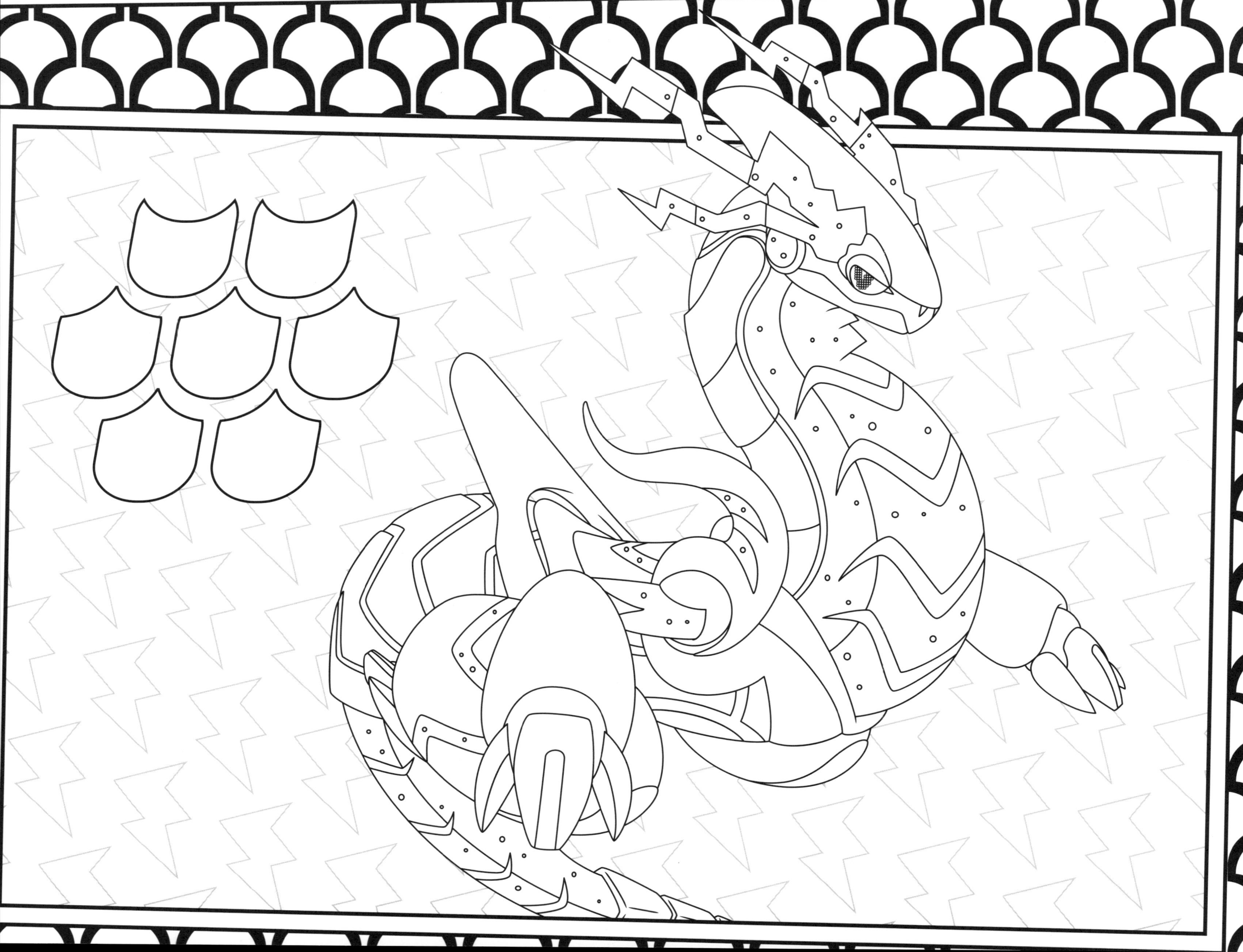

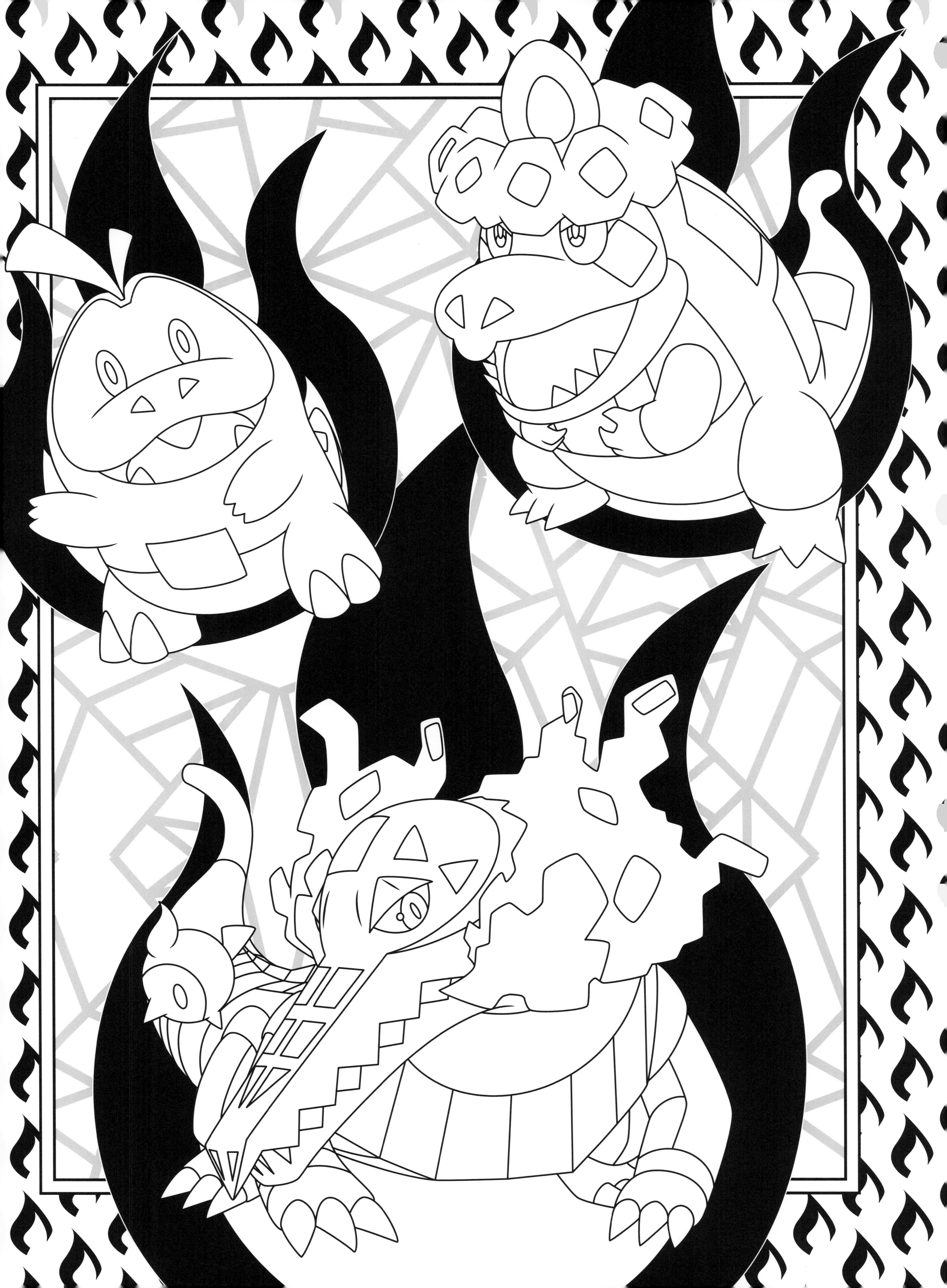

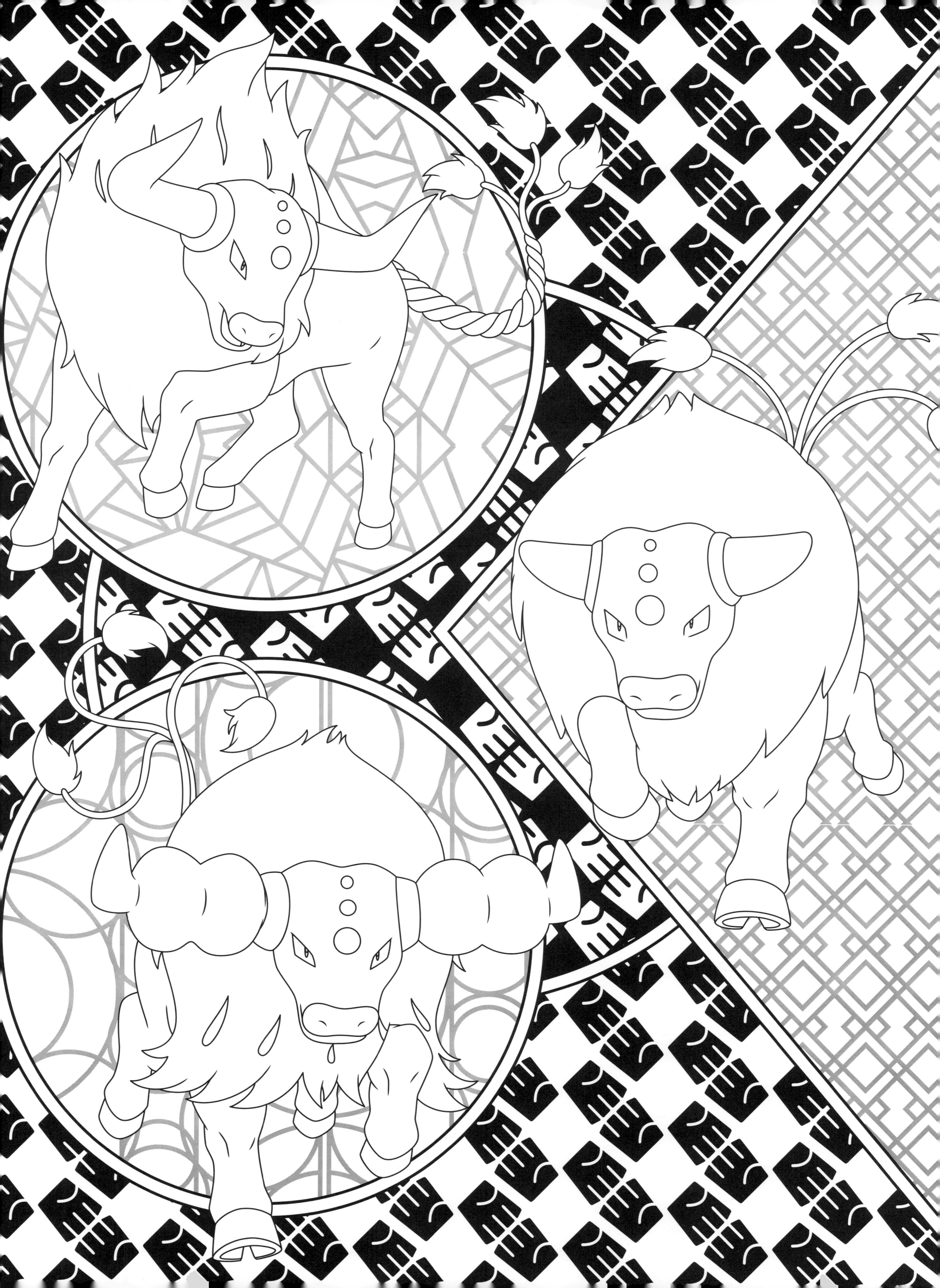

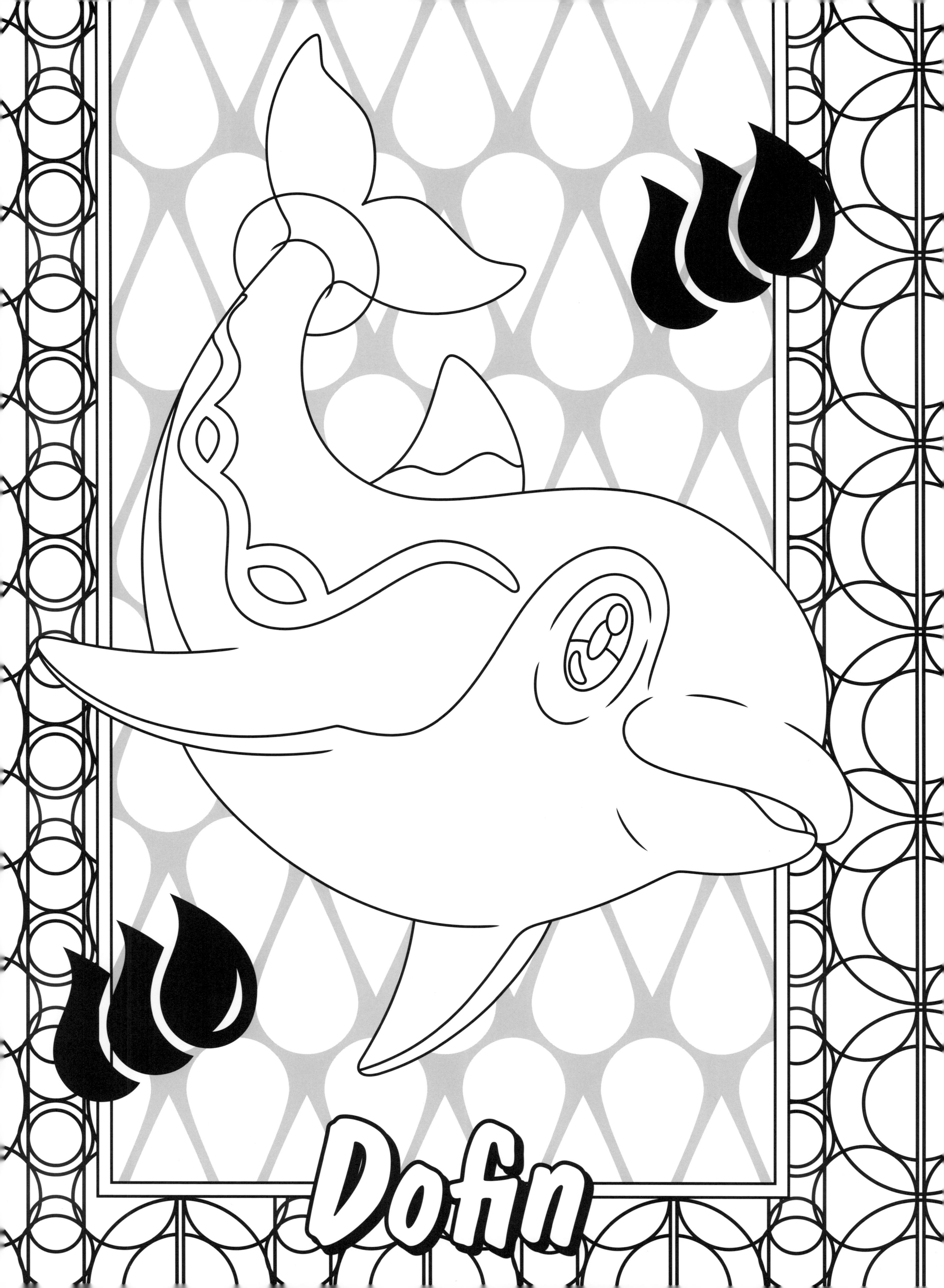
Dofin

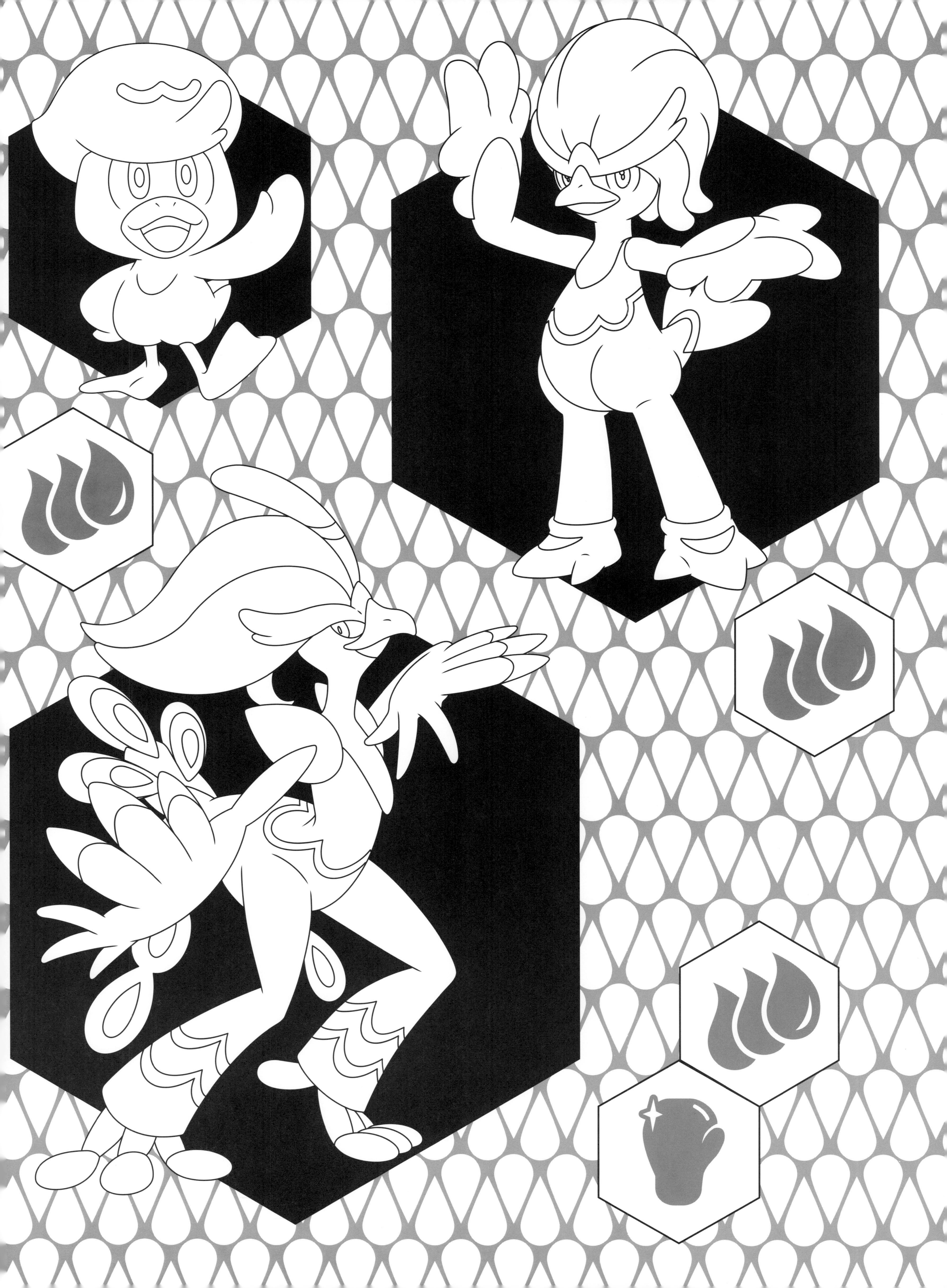

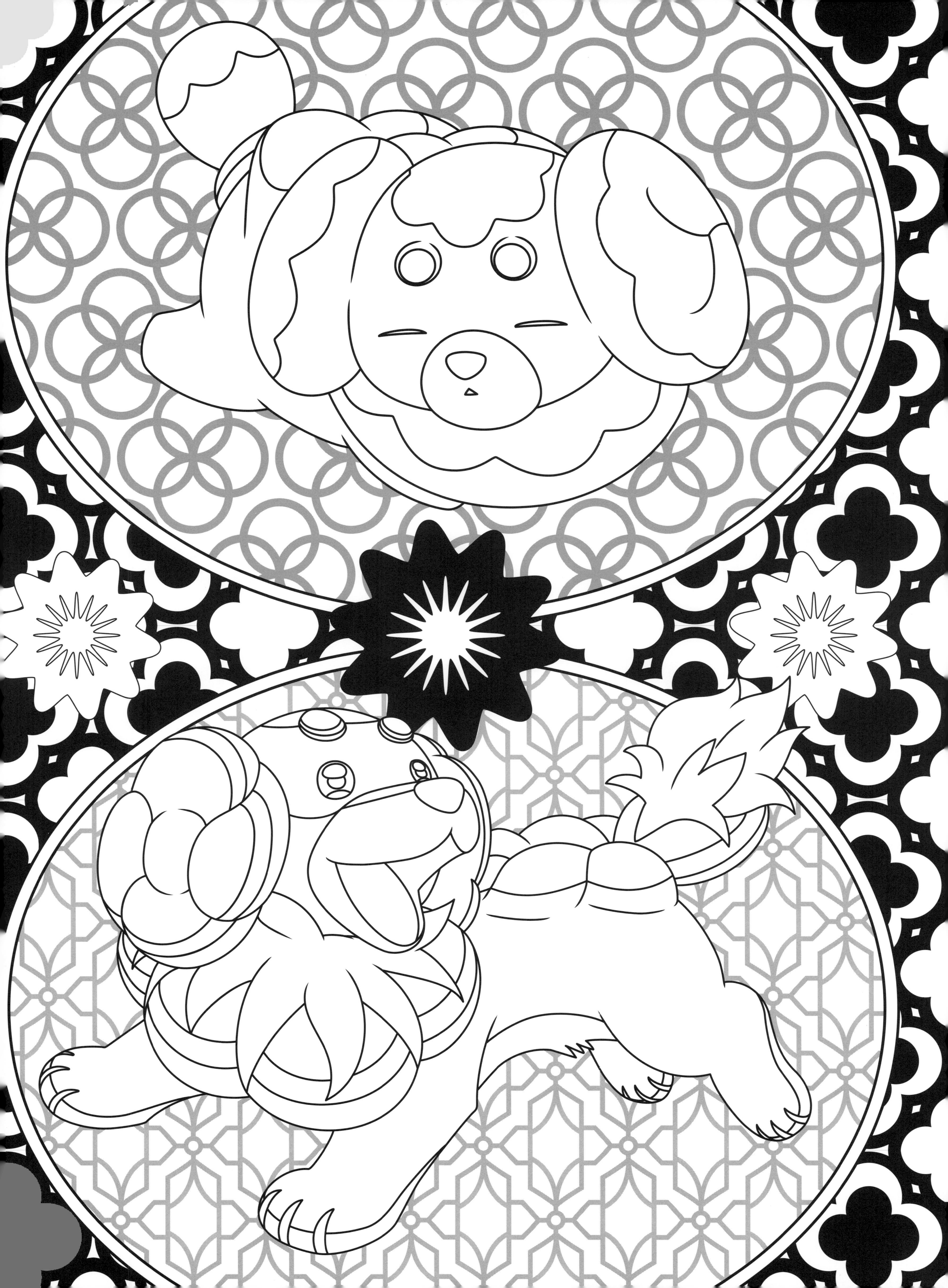

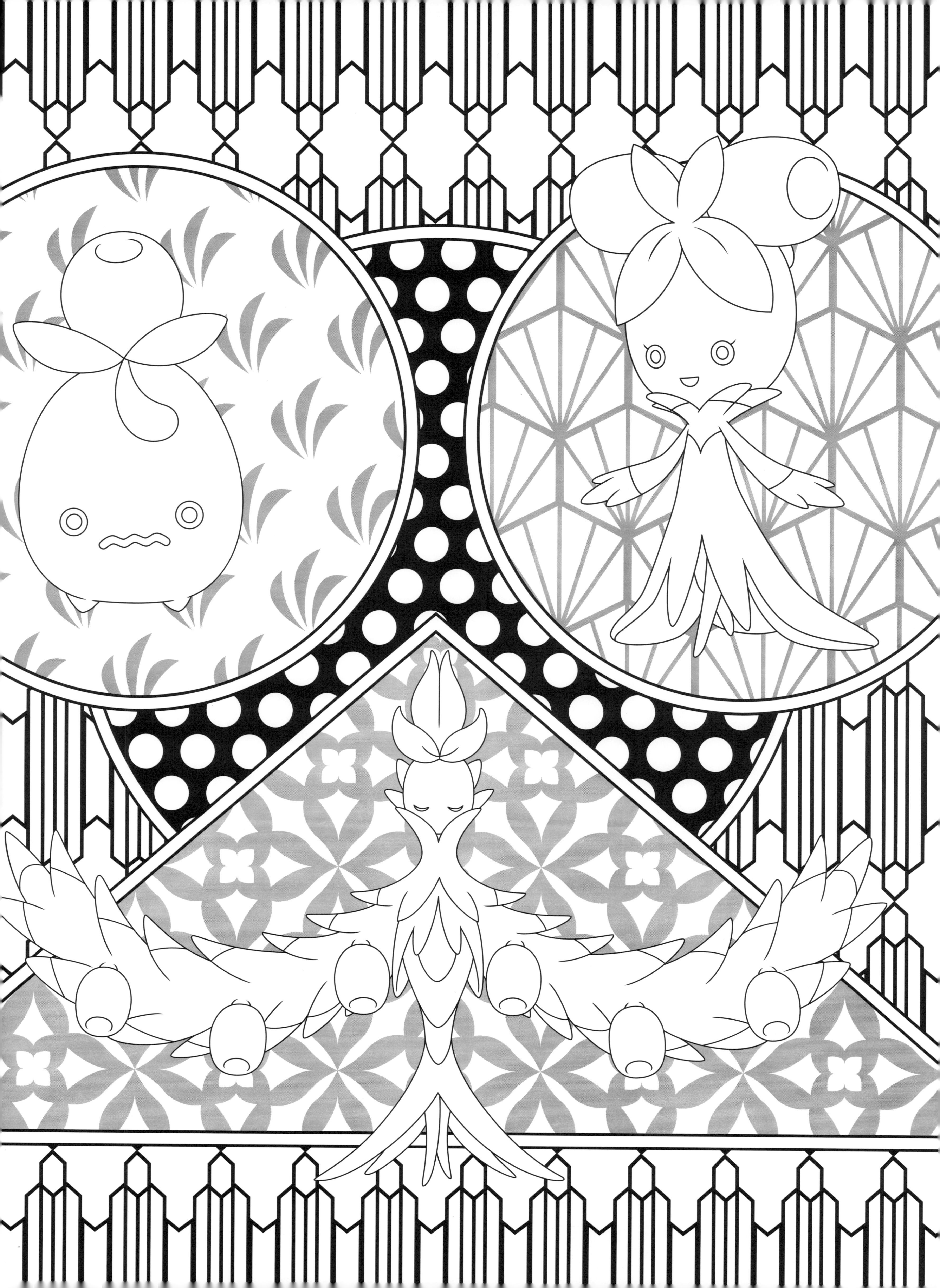

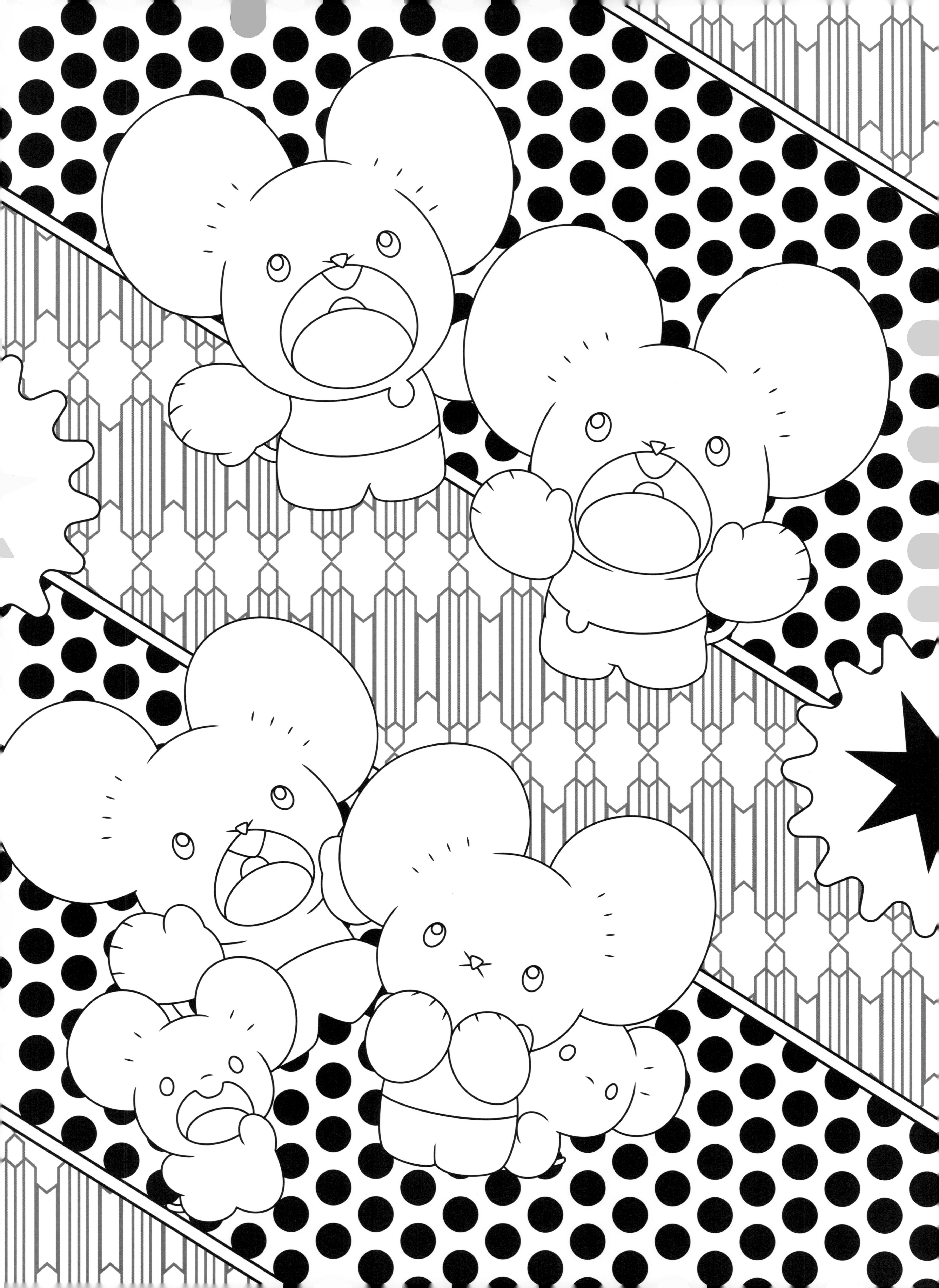

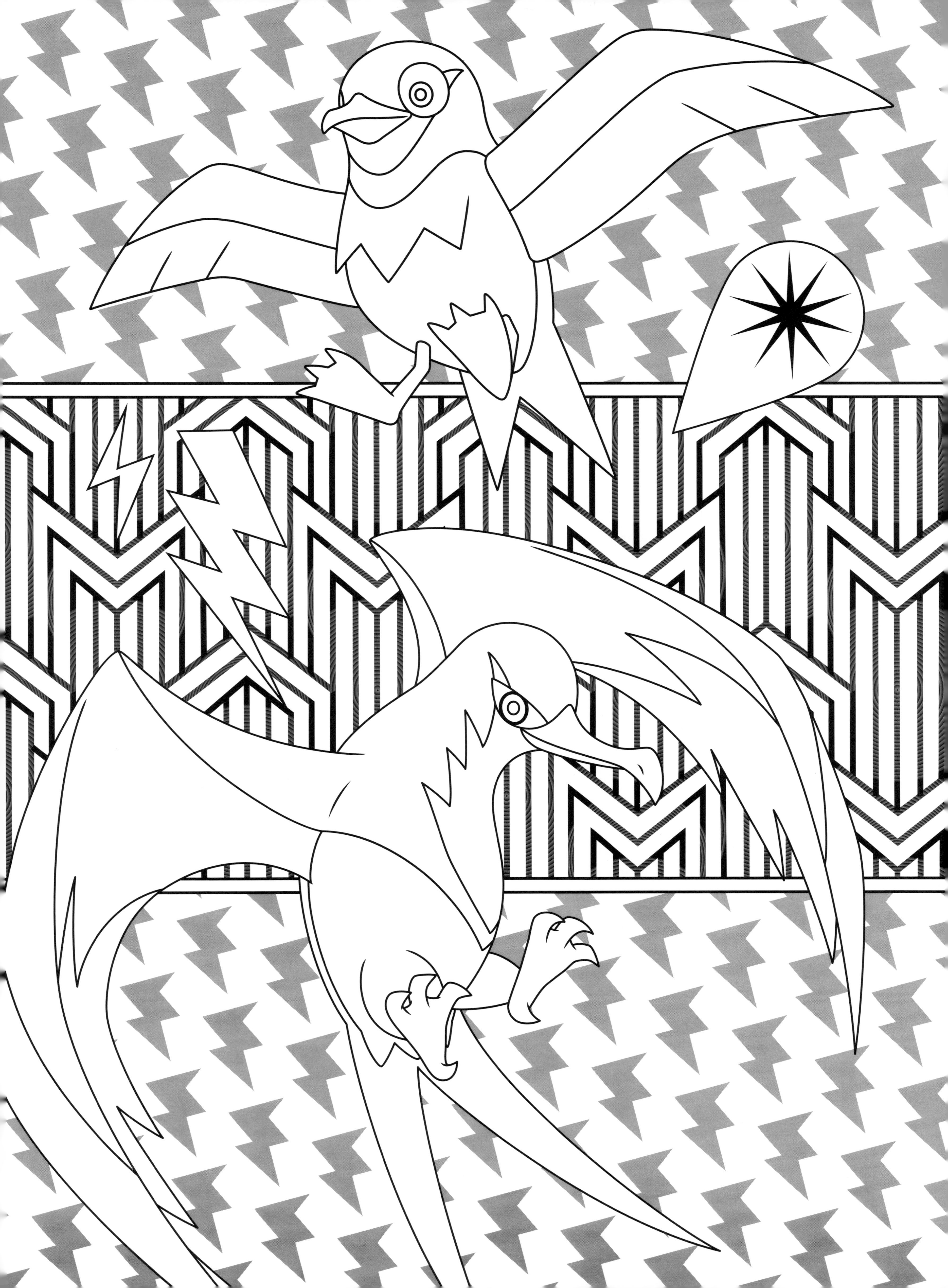

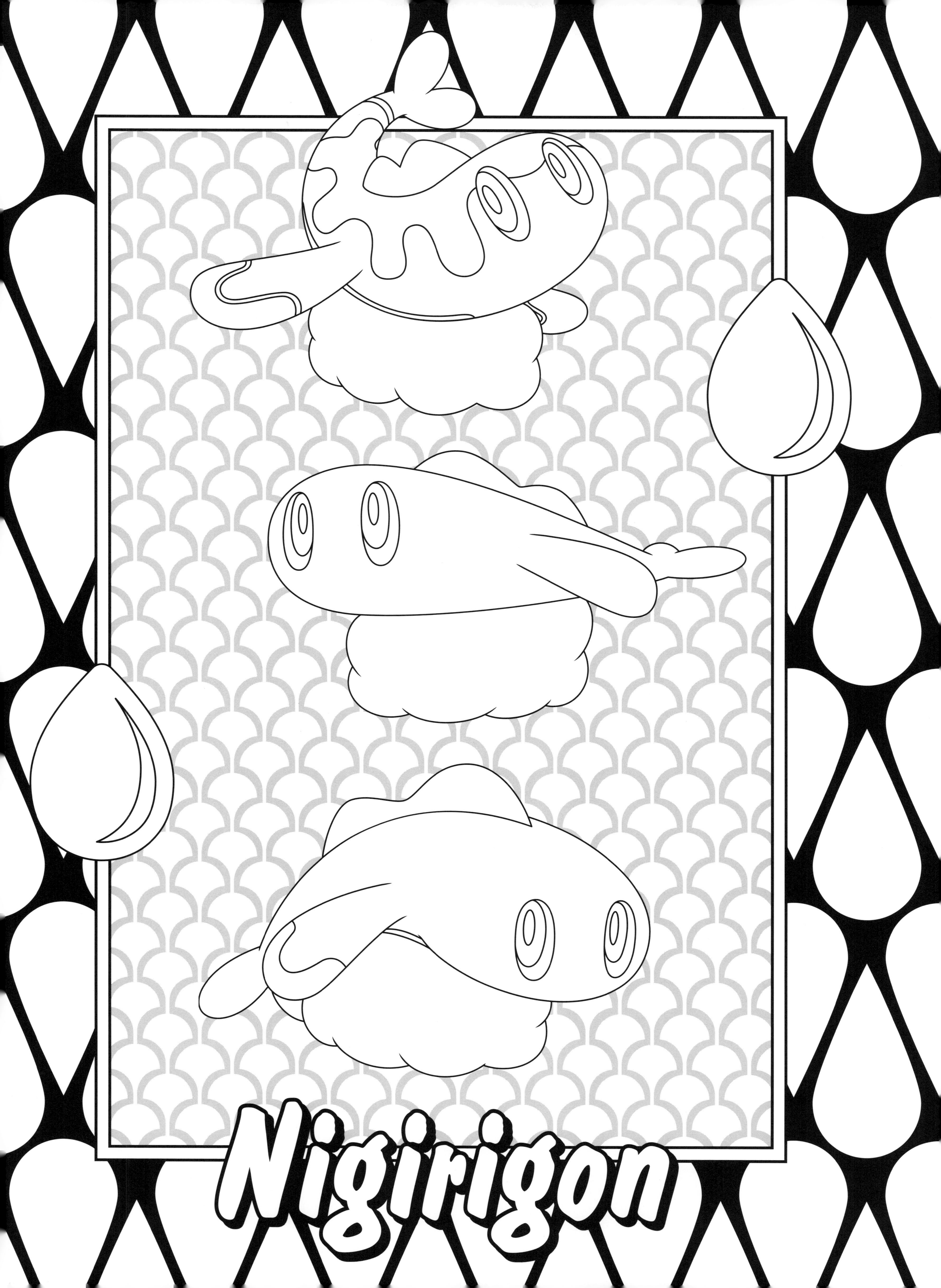
Nigirigon

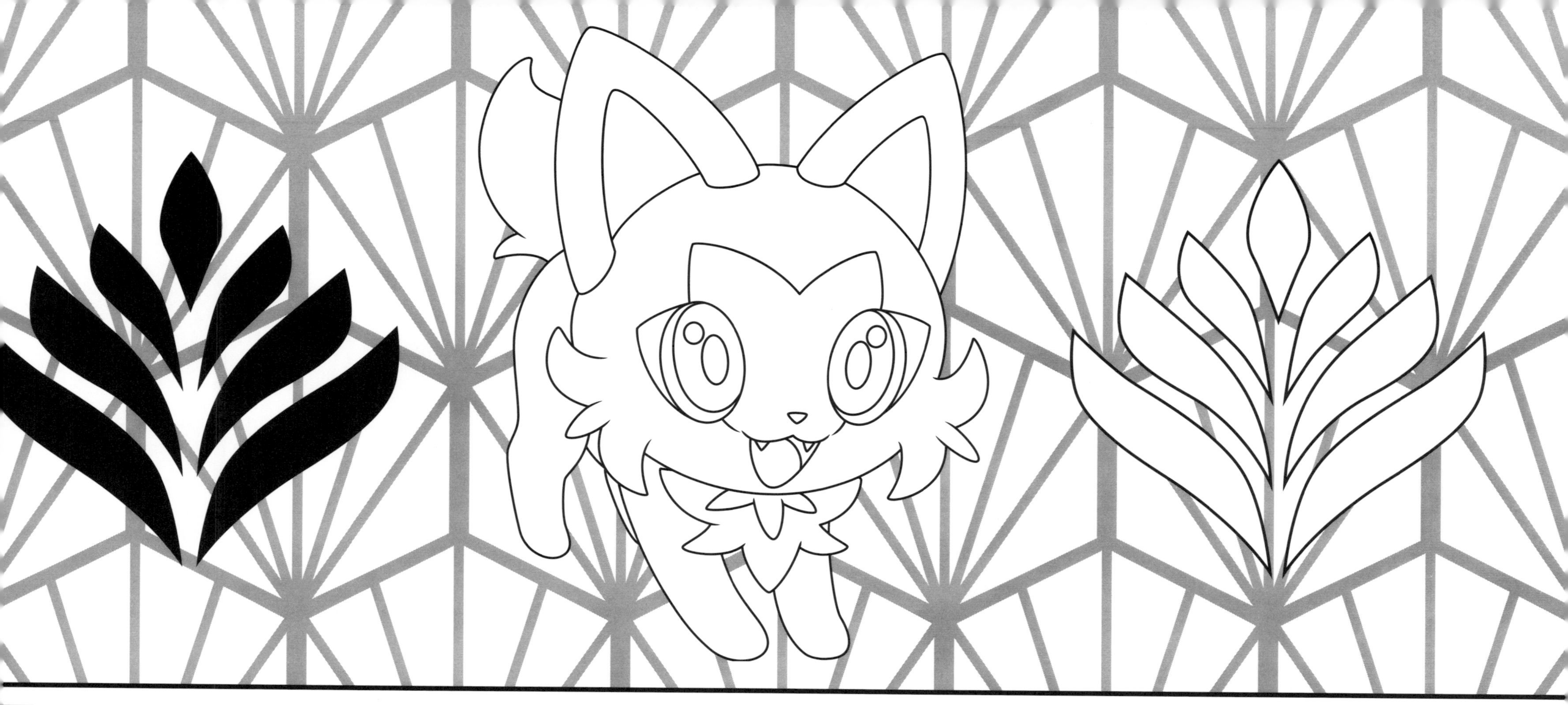

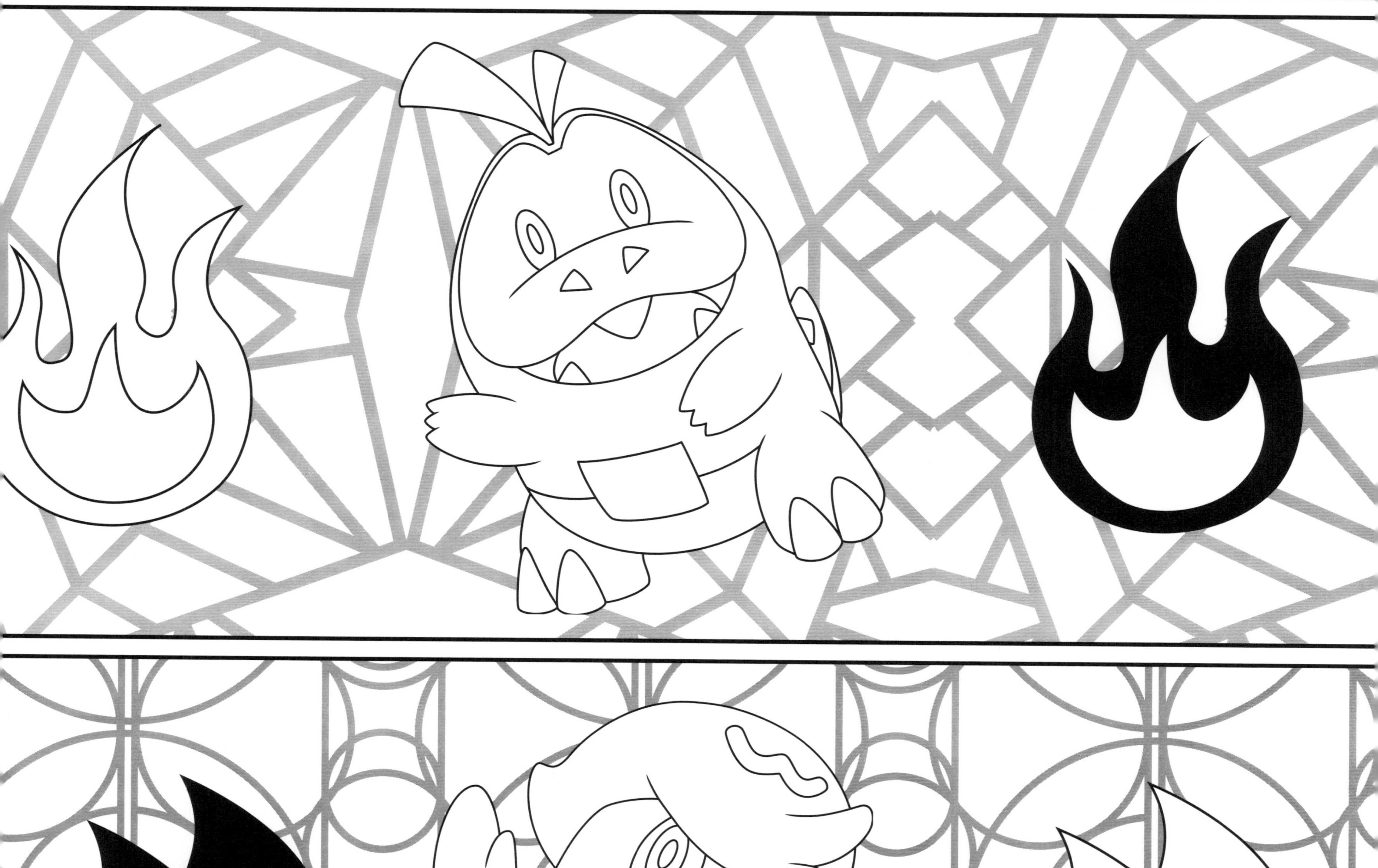

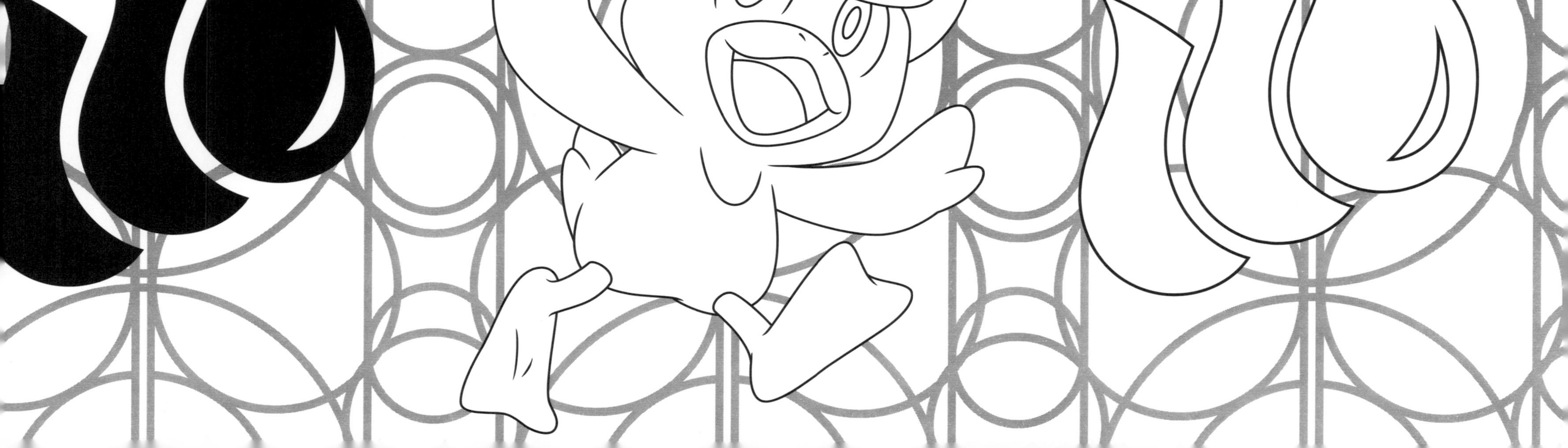